PROJET

D'UNE

OPÉRATION DE FINANCE,

PROPOSÉE POUR 1817.

PROJET

D'UNE

OPÉRATION DE FINANCE,

PROPOSÉE POUR 1817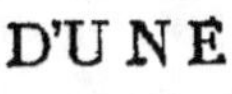

PAR M. LE VICOMTE DE PRUNELÉ,

Ex-membre de la Chambre des Députés de 1814.

—————•—————

PARIS,

De l'Imprimerie de MIGNERET, rue du Dragon, n° 20.

Novembre 1816.

AVERTISSEMENT.

J'ai publié un certain nombre d'écrits relatifs aux affaires publiques, dans le cours de
la révolution ; mais presque toujours , après
avoir vainement sollicité des dépositaires de
l'autorité , qu'ils voulussent bien accorder
quelqu'attention aux Mémoires manuscrits
que je leur avais soumis : ne pouvant , pour
l'ordinaire , obtenir cette faveur, j'imprimais
pour l'acquit de ma conscience. Cette fois ,
comme tant d'autres , j'ai essayé de payer
modestement mon tribut, en présentant à la
commission nommée par le Roi , pour préparer le budjet de 1817 , le projet qui va suivre.
Mon Mémoire a quelques instans attiré ses
regards ; mais renfermant une idée qu'elle
avait proscrit d'avance , celle d'un peu de
papier monnaie : la modicité de l'émission ,
les précautions dont je l'entoure , la propriété particulière qu'aurait mon papier de
faire circuler l'argent , rien enfin n'a pu
militer en sa faveur de manière à faire oublier sa tache originelle.

Persuadé, comme tout auteur de projet ,

que l'adoption du mien serait utile, je ne crois point devoir me considérer comme définitivement battu. J'en appelle donc à l'opinion des Chambres et du Public, dans l'espoir que sous de tels auspices, l'opération que je propose finira par être sérieusement examinée, et par suite accueillie du Ministère.

Je sens qu'après les bouleversemens de fortune occasionnés en France par le système et par les assignats, il existe dans la nation un très-fort préjugé contre tout papier ayant cours forcé de monnaie. Mais parce qu'un empyrique aurait tué un homme en lui donnant dix grains d'émétique, faudrait-il bannir de la médecine ce poison, qui, habilement administré, produit de si bons effets.

Nos finances peuvent être comparées à un malade dont les forces s'épuisent chaque jour. Il tombera en langueur, si on ne lui occasionne point une crise salutaire ; il périrait, je le sais, dans les convulsions, si la crise se trouvait trop forte ; c'est au médecin à la proportionner aux facultés de son malade.

Telles sont les considérations qui m'ont conduit à former le plan que je propose, dont la méditation remonte à près d'une année.

Ce plan n'ayant point attiré l'attention de la Commission, je n'ai pas cru devoir le publier avant la proposition de la loi des finances. Je me serais abstenu de le rendre public, si des idées qui m'eussent paru plus salutaires que les miennes eussent fait partie de la loi proposée.

Mais effrayé d'une création de trente millions de rente, qui, malgré l'accroissement de dotation qu'aurait la caisse d'amortissement, ne produirait pas un capital de plus de trois cent vingt à trois cent cinquante millions; effrayé de voir ainsi l'Etat emprunter à un intérêt d'environ neuf pour cent, je me considérerais comme coupable si je ne mettais pas au grand jour une idée dont l'adoption aurait pour résultat d'adoucir le malheur de notre position.

J'ai fait des améliorations importantes au projet que j'avais soumis à la commission : Le voici tel que je le propose aujourd'hui.

OBSERVATIONS PRÉLIMINAIRES.

Dire que l'activité de la circulation peut

remédier, dans un Etat, à l'espèce de pénurie qui résulterait de la rareté du numéraire,
me paraît une vérité tellement reconnue, que
je me dispenserai de la démontrer.

Il en est une autre qui mérite une égale attention : c'est que la prospérité de l'Etat dé-
pend en grande partie de l'accroissement
continuel, peu sensible pourtant, du prix
des choses. L'agriculture, le commerce, sont
alors en pleine activité ; ils languissent si
les prix tendent généralement à diminuer.
Qu'est-ce qui peut faire tendre le prix des
choses vers l'augmentation? c'est l'accroissement du numéraire, ou un redoublement
d'activité dans la circulation.

Les circonstances dans lesquelles se trouve
la France, ont diminué et vont diminuer encore la masse de son numéraire. L'inquié-
tude fait resserrer une partie de celui qui
nous reste. La crainte qu'a le commerce de
voir les prix continuer à s'affaiblir, paralyse
ses opérations, ce qui ralentit encore la circulation.

Une opération de finance, bien entendue,
point gigantesque, sur-tout (1), qui serait

____

(1) La plupart des personnes qui ont écrit sur nos

conduite avec adresse et probité, pourrait, ce me semble du moins, activer la circulation, soutenir le prix des choses, et remédier en partie aux malheurs que nous occasionnent les circonstances actuelles.

Avant d'exposer mon plan, je supplie le lecteur de se prémunir contre l'effet d'un premier mouvement qui pourrait le porter à repousser, sans examen, quelques-unes des mesures que je propose. Pour juger un projet de finances, il faut en embrasser l'ensemble, en suivre les détails par la pensée. La prudence exigerait peut-être qu'on permît à celui qui l'a conçu, de répondre aux objections qu'il ne se serait pas faites par avance et

---

finances ont senti la nécessité de remplacer par du numéraire fictif le numéraire réel que nous perdons chaque jour ; mais la plupart aussi ont voulu nous inonder à l'instant même d'une masse énorme de papier qui, suivant eux, aurait ramené parmi nous la prospérité comme par miracle. Le succès de leurs opérations était fondé sur la confiance que l'on ne pouvait, selon eux, refuser à leurs combinaisons. Pour moi je suis parti d'un autre principe : je me suis attaché à me passer de confiance, mais j'appelle à mon secours la prudence et la modération.

qu'on voudrait bien lui adresser. L'on ne doit rien négliger enfin, lorsqu'il s'agit d'une affaire aussi importante que l'amélioration de la fortune publique.

EXPOSITION DU PROJET.

IL serait mis au premier janvier 1817, à la disposition du Ministre des finances, pour *cent vingt* millions de papier-monnaie, pour l'aider à faire face aux dépenses de ladite année.

Il ne pourrait mettre le papier en émission que de la manière suivante ; savoir :

Quinze millions le premier mois, autant le second ;

Et neuf millions chacun des autres (1).

Les coupures de ce papier seraient de cinquante francs ; on prendrait les précautions nécessaires pour éviter les contrefactions.

Une de ces précautions serait de changer

___

(1) J'indique pour les deux premiers mois une plus forte émission que pour les suivans, parce qu'alors il rentrerait au gouvernement par la voie des perceptions une partie du papier qu'il aurait précédemment mis en circulation.

tous les ans la forme des billets, tant qu'ils resteraient en circulation.

Chaque billet de cinquante francs perdrait un centime par jour (1), ce qui fait trois francs soixante-cinq centimes pour l'année, ou 7 et $\frac{3}{10}$ pour cent.

Le cours de ce papier serait forcé ; mais le Gouvernement ne pourrait le donner à ses créanciers, ni les particuliers aux leurs, que jusqu'à concurrence du quart des sommes que l'on aurait à payer. Ainsi, toutes les fois que l'on n'aurait pas à effectuer un paiement de deux cents francs, on ne pourrait pas donner un billet. Lorsqu'on aurait moins de quatre cents francs à payer, on ne pourrait pas en donner deux, et ainsi de suite.

Le papier serait toujours pris pour la valeur à laquelle il se trouverait réduit le jour du paiement qu'il contribuerait à effectuer.

Néanmoins il ne pourrait être versé dans les caisses des impositions, qu'avec la diminution qu'il éprouverait dix jours après le paiement.

---

(1) Pour la facilité des paiemens, les billets porteraient l'indication de leur perte journalière et la valeur à laquelle ils se trouveraient réduits le premier de chaque mois.

Plusieurs contribuables ne pourraient pas se réunir pour payer ensemble leurs impositions, afin de faire recevoir des billets dans les caisses publiques ; mais chacun pourrait anticiper ses paiemens, afin de placer son papier.

Des précautions administratives seraient prises pour prévenir les infidélités que les percepteurs ou receveurs voudraient se permettre à cet égard.

Le cours de notre papier étant forcé, la circulation n'en serait jamais embarrassante du Gouvernement à ses agens ou à ses créanciers, non plus que des particuliers aux leurs.

Mais lorsqu'il arriverait à des personnes n'ayant pas le même emploi à en faire, il pourrait leur devenir fort onéreux si le législateur et l'administration n'avaient pas pris des précautions efficaces pour soutenir son crédit.

Une de ces précautions serait d'admettre dans un emprunt constamment ouvert à cet effet, et d'inscrire au grand-livre de la dette publique, les sommes de mille francs et au-dessus, payées en billets seuls, et sans qu'ils fussent accompagnés de numéraire, autrement que pour les à-points. Dans ce cas , les billets seraient pris pour leur valeur au jour où le versement aurait eu lieu. Ils seraient bâtonnés sur-le-champ, et retirés ainsi de la circulation.

Tous les receveurs d'arrondissement seraient autorisés à recevoir ces prêts , et à donner des bons conversibles en inscriptions , avec intérêt du jour du dépôt.

Bien que la masse du papier-monnaie qui serait mise à la disposition du Gouvernement , fût de cent vingt millions, ce ne serait point, pour la totalité de cette somme, qu'il alimenterait le trésor-royal.

D'abord , il faudrait faire face aux dépenses manuelles de l'opération , puis à la perte que le Gouvernement éprouverait , par le laps de temps pendant lequel il aurait une portion du papier dans ses coffres , sans pouvoir l'émettre , enfin à la diminution qu'éprouveraient les billets qui lui rentreraient avant qu'ils les eût remis en circulation. Supposons trois cent mille francs pour la première dépense, la seconde serait de quatre millions trois cent vingt mille francs. Quant à la troisième , elle n'excéderait guères sept à huit cents mille francs ; mais portons néanmoins le total de ses dépenses à six millions.

De plus, une somme de vingt-cinq millions en numéraire serait employée à soutenir le crédit du papier , par les moyens que
nous indiquerons.

Enfin , il serait prudent d'avoir encore
neuf millions de réserve pour le même objet ,
si , contre toute apparence , il devenait nécessaire de recourir à cette ressource.

Ainsi l'émission de cent vingt millions de
papier forcé , ne viendrait en 1817 au secours
du trésor , que pour quatre-vingts millions.

L'opération serait dirigée sous l'autorité du
Ministre des finances , par un Directeur qui
en communiquerait les détails à une commission de surveillance composée de deux
Pairs et trois Députés.

MOYENS PAR LESQUELS ON ÉVITERAIT QUE
L'EXÉCUTION DU PLAN PROPOSÉ DEVINT
NOTABLEMENT ONÉREUSE AUX PERSONNES
AUXQUELLES LA SITUATION DE LEURS AF-
FAIRES NE PROCURERAIT PAS DE DÉBOU-
CHÉ NÉCESSAIRE POUR LE PAPIER QU'ELLES
AURAIENT REÇU.

Nous avons dit que les receveurs d'arrondissement seraient autorisés à recevoir le

placement des billets en inscriptions, et à devenir ainsi les intermédiaires entre les possesseurs de papier et le grand-livre. Il ne faut pas se dissimuler que cette manière d'écouler le papier serait peu recherchée , à moins que le capital des 5 pour 100 consolidés montât presqu'au pair. Sans cela , les personnes absolument étrangères aux affaires , seraient les seules qui , voulant échapper bien vîte à la perte journalière du papier , s'empresseraient d'acquérir un revenu certain qu'avec un peu de patience et quelques combinaisons , elles pourraient obtenir à un moindre prix.

Mais la véritable manière de soutenir le crédit du papier , serait d'employer à faire acheter à 4 pour 100 (1) au-desous de sa

---

(1) Afin de placer dans la position la moins défavorable possible les personnes qui seraient forcées de convertir en numéraire le papier qu'elles auraient reçu , le gouvernement pourrait peut-être le faire acheter à trois ou même à deux au-dessous de sa valeur nominale. Mais il ne faut pas se dissimuler que l'opération serait manquée si les débiteurs cessaient de trouver un intérêt suffisant à se libérer en papier dans la proportion déterminée.

valeur nominale du moment ; totalité ou partie des vingt-cinq ou même des trente-six millions en numéraire dont nous avons parlé ci-dessus (1).

On pourrait employer à cet objet l'intermédiaire des banquiers établis dans les principales villes de France, ou celui des receveurs généraux de départemens qui emploieraient à leur tour ceux d'arrondissement lorsqu'ils le jugeraient à propos.

Dans l'un comme dans l'autre cas, il faudrait éviter que ce rachat pût servir d'aliment à l'agiotage : en conséquence, les agens de confiance du Gouvernement dans cette partie, en publiant qu'ils auraient commission de racheter des billets à un taux rapproché de leur valeur nominale, annonceraient aussi que, pour être utiles aux particuliers qui auraient reçu du papier sans savoir comment l'employer, ils ne l'acheteraient que de personnes connues et munies de certifi-

____

(1) Outre les bureaux de rachats établis par l'administration, il est plus que vraisemblable que des particuliers en établiraient à Paris et dans les grandes villes à un pour cent au-dessous du cours du gouvernement, pour revendre avec avantage aux personnes qui auraient des paiemens à effectuer.

cats de notaires et autres fonctionnaires pu-
blics, attestant que ce papier proviendrait de
remboursemens à eux effectués.

Le papier rentré au Gouvernement, soit
par la voie de l'inscription, soit par celle du
rachat, serait aussitôt anéanti.

Au moyen de ces précautions, on soutien-
drait le crédit du papier-monnaie autant que
cela est nécessaire pour le succès de l'opération, et pour ne la pas faire peser d'une manière trop lourde sur une seule classe de citoyens, ceux qui pourraient être forcés d'en
recevoir sans avoir à leur tour de paiemens à
faire.

La France étant dans l'indispensable nécessité d'appeler l'avenir au secours du pré-
sent, nous croyons difficile d'obtenir ce résultat d'une manière en même temps plus sûre
et plus douce.

Au moyen de notre papier-monnaie, nous
aurions un emprunt que nous sommes sûrs
de voir remplir, pour lequel il n'y a pas besoin de confiance; un emprunt qui ne coû-
tera point d'intérêt à l'Etat, et dont le temps
seul pourrait opérer le remboursement.

Malgré ces avantages, il effleure à peine
les facultés des citoyens auxquels même il rend

avec usure, par l'activité qu'il donne à toutes leurs relations, les légers sacrifices qu'il en exige ; de manière que l'art de la finance semble faire presqu'à lui seul tous les frais de l'opération.

EXAMEN DE DIVERSES OBJECTIONS CONTRE LE PLAN PROPOSÉ.

Ayant expliqué à bien des personnes le projet que je viens de développer, plusieurs objections m'ont été faites : je vais les présenter dans toute leur force, y joindre même celles qui se sont uniquement présentées à ma pensée.

Première objection.

Les malheurs occasionnés par les assignats ont été si grands, ils sont si récens, que le papier que vous proposez n'inspirerait aucune confiance. Vous trouverez contre l'adoption de votre plan une résistance qu'il sera peut-être impossible de vaincre.

J'ai en quelque sorte répondu d'avance à la première partie de cette objection, mais il est bon d'y revenir.

Qu'est-ce qui doit soutenir un papier monnaie ? c'est qu'on puisse ajouter foi aux promesses qui accompagneraient sa création. Or

quelles sont ces promesses ? Que le papier
ne serait que dans une faible proportion avec
le numéraire; qu'il ne le remplacerait point,
mais qu'il lui donnerait l'activité qui lui
manque. L'on ne dissimule point que ce papier perdrait, mais l'on promet que sa perte
serait peu sensible et bornée à ce que le législateur aurait voulu qu'il perdit. Or cette
promesse se trouve corroborée par un énorme
amortissement.

Que promet-on encore ? Que la perte du
papier, si peu sensible pour chacun, tour-
nerait au profit de l'état qui n'aurait point,
s'il le voulait, de remboursement à faire et
par conséquent au profit des contribuables
qui n'auraient point à payer d'impôt pour
subvenir à cet objet.

Notre papier apporte, en arrivant à la
vie, le germe de sa destruction; mais c'est
de vieillesse que naturellement il doit mou-
rir. Cependant, lorsque nous serons affran-
chis des énormes contributions auxquelles
les circonstances nous obligent, si l'existence
du papier entraînait quelques inconvéniens,
rien n'empêcherait de le faire disparaître en
peu d'années de la circulation, en employant

à son extinction une partie des 36 millions destinés à le soutenir.

Répondons maintenant à la seconde partie de l'objection.

L'on crie beaucoup en France, mais l'on obéit ; lors donc que l'on aurait rendu la loi que nous sollicitons , l'impossibilité de s'y soustraire ôterait jusqu'à la volonté d'en entraver l'exécution , chacun ne songerait plus qu'à tirer le meilleur parti possible de la situation dans laquelle le papier l'aurait placé. L'important n'est donc pas de convertir le public , mais de convaincre les Chambres et les Ministres. C'est l'objet de cette discussion.

Deuxième Objection.

L'on craindra que le Gouvernement n'abuse de la ressource proposée , en augmentant indiscrètement la masse du papier.

D'abord les précautions les plus sages pourraient être prises pour qu'il ne fût pas émis un seul billet de plus que le nombre déterminé par la loi.

D'un autre côté, comme il faudrait le concours des trois pouvoirs qui composent la législature , pour que de nouvelles émissions pussent avoir lieu , la nation trouvera dans la forme même du Gouvernement , la garantie que ses intérêts seront soigneusement conservés.

TROISIÈME OBJECTION.

La ressource que l'on propose , est bien faible comparativement à nos besoins ; elle aurait d'ailleurs l'inconvénient d'empêcher de recourir à des moyens de libération plus prompts , plus importans.

Je n'ai point la prétention de proposer le moyen de faire face à tous uos besoins ; je crains les prétendus miracles en administration ; je crains les opérations gigantesques. Au reste , loin que l'admission de mon projet fût nuisible aux autres mesures que le Gouvernement pouvait vouloir prendre , il les favoriserait.

Par exemple , en diminuant notablement la somme pour laquelle il faudrait créer des inscriptions , la négociation de celles qui seraient encore indispensablement nécessaires , se ferait d'une manière beaucoup moins onéreuse.

La seule espece de projet de finance que le mien exclud, est la création d'un autre papier-monnaie.

Quatrième Objection.

L'adoption de ce projet serait une véritable banqueroute.

Faire banqueroute est, ce me semble, faire perdre à ses créanciers, soit la totalité, soit une grande partie de ce qui leur est dû. Or, qui est-ce qui perdrait, et combien perdrait-on ?

D'abord, toutes les personnes ayant à opérer des remboursemens, à payer des loyers, des rentes, des dettes quelconques, ne perdraient rien ou presque rien : celles qui prêteraient leurs capitaux à des particuliers, ne perdraient rien ou presque rien non plus; car, comme l'on emprunte que lorsque l'on a promptement besoin de faire usage des fonds qu'on se procure par cette voie, les emprunteurs prendraient comme argent un quart en papier, et cela sans éprouver de dommage, puisqu'ils le placeraient de la même manière ; reste donc qui perdraient, d'une manière notable, ceux qui seraient obligés de vendre le papier à 4 , à 3 , ou à 2 pour 100 au-dessous de sa valeur nominale.

Il faut observer cependant que cette perte serait réellement moins forte que ce qu'elle paraît être au premier coup-d'œil. En effet, celui qui serait obligé de vendre son papier à 4 pour 100 de perte , aurait touché en numéraire une somme triple de ce même papier ; la perte doit être considérée comme portant sur le tout , et non pas seulement sur la partie. Elle ne serait donc que de un pour cent sur la somme totale qu'on aurait reçue.

Ainsi , quoique la perte fût très-réelle , elle ne peut point être assimilée à une banqueroute , mais à un impôt qui frapperait sur telle espèce de transaction ; cela pourrait être plus justement comparé à une forte augmentation du droit d'enregistrement dans certains cas.

CINQUIÈME OBJECTION.

Les comptables de deniers particuliers seraient dans un embarras continuel, et pour peu qu'ils apportassent de négligence à faire passer à leurs commettans le papier reçu pour eux, ceux-ci éprouveraient un notable dommage. Cette perte serait plus forte encore sur le papier qui serait sous les scellés, ainsi que sur celui qui se trouverait faire partie de dépôts ou consignations.

Cette objection est fondée jusqu'à un certain point ; mais on peut remédier, en grande partie, aux inconvéniens qu'elle indique.

D'abord on sent bien que les agens des particuliers auraient l'instruction de faire promptement l'envoi ou l'emploi du papier qu'ils auraient reçu, et que la plupart d'entr'eux s'y conformeraient religieusement. Mais la loi pourrait autoriser le commettant qui se trouverait lésé, à se présenter en référé devant le magistrat, pour lui demander de faire supporter au mandataire infidèle, ou seulement négligent, portion ou même totalité de la perte éprouvée sur le papier.

Quant à celui placé sous les scellés, les parties intéressées, ou à leur défaut le juge-de-paix, le ferait convertir en argent en s'adressant le plus promptement possible aux agens du Gouvernement; il serait enjoint aux consignataires de recourir au même moyen.

Enfin, dans les cas imprévus et nécessairement fort rares, où des propriétaires de papier-monnaie auraient éprouvé des pertes plus considérables que celles qu'ils auraient naturellement dû supporter, ils s'adresseraient à la seconde providence de l'Etat, à la bonté Royale, pour solliciter quelqu'adoucissement au malheur qui aurait été la suite de la création du papier, et de circonstances particulières.

Cette disposition me paraît devoir être le complément des mesures que nous desirons voir prendre, et qui ont pour objet d'être avantageuses à la grande famille, sans nuire notablement à aucun de ses membres.

J'ai exposé, sans déguisement, toutes les objections qui m'ont été, ou que je me suis faites; j'ose croire y avoir répondu de manière à en faire sentir la faiblesse.

Prendre l'engagement de répondre victorieusement à celles que je ne connais ni ne prévois, serait une témérité que je suis loin d'avoir ; mais je m'engage, si l'on veut bien m'en adresser, à démontrer leur peu d'importance comparativement avec les avantages qui résulteraient de l'adoption du projet que je propose, ou bien à m'avouer vaincu, et à devenir zélé partisan de tout autre plan, au moyen duquel on pourrait plus sûrement atteindre le but que je n'aurais fait que me proposer. Puisse-t-on trouver un moyen d'être utile à tous, sans exiger de sacrifice ni de l'Etat, ni d'aucun particulier !

J'en ai dit assez pour démontrer que l'opération est possible, et qu'elle serait avantageuse. S'il s'agissait de la mettre à exécution, on entrerait dans plus de détails.

Lors de la discussion du budjet de 1818, on connaîtrait, par l'expérience de neuf à dix mois, les résultats de notre opération ; il serait facile de juger alors si l'on devrait recourir à une semblable ressource pour 1818, puis successivement pour chacune des années 1819 et 1820, époque passée laquelle on ne ferait plus d'émission.

Voyons maintenant comment on pourrait éteindre le papier qui se trouverait en circulation au premier janvier 1821.

A cette époque , le montant des émissions aurait été de 480 millions ; mais l'extinction opérée par la perte journalière , par l'inscription au grand-livre , et par le rachat, aurait réduit le papier en circulation à environ trois cents millions et même à moins , si les 36 millions que nous avons annuellement destinés à ce dernier objet, y avaient été entièrement employés.

L'Etat dans lequel nos finances se trouveraient alors , influerait nécessairement beaucoup sur le parti que l'on prendrait. Peut-être aurait-on éprouvé un tel bienfait du mode de papier que nous proposons, qu'il faudrait se garder de rien changer à sa loi créatrice. Peut-être la circulation serait-elle devenue assez active pour qu'il suffît de faire perdre un demi-centime par jour à chaque billet de cinquante francs. Peut-être l'extinction , par la perte journalière , pourrait-elle être tout-à-fait abandonnée, et notre papier échangé contre un autre qui ne perdrait rien et qui continuerait à être reçu jusqu'à concurrence du quart dans tous les paiemens , pour sa valeur nominale. Dans tous les cas, il faudrait toujours destiner une somme importante à racheter à deux, trois ou quatre pour cent au-dessous de ladite valeur, le papier dont les particuliers voudraient se défaire.

On serait donc maître, lorsque nous aurions rempli nos engagemens envers les alliés, de choisir le parti qui paraîtrait le plus avantageux relativement au papier-monnaie, et cela sans occasionner aucune secousse, ni à la fortune publique, ni aux fortunes particulières. C'est ce qu'il était important de démontrer, et qui me paraît devoir l'être, jusqu'à l'évidence, pour tout homme accoutumé à réfléchir sur cette matière

QUELQUES MOTS SUR D'AUTRES RESSOURCES.

Je ne puis me déterminer à publier un écrit sur les finances, sans indiquer rapidement quelques moyens auxquels on pourrait recourir en 1817, et pendant les trois années suivantes.

D'abord le rétablissement des corporations des métiers et des marchands, et la nécessité de payer une maîtrise pour faire partie d'une corporation, offrirait une ressource d'autant plus précieuse, que les contribuables paieraient avec joie, ce qui n'est pas commun.

En effet, le véritable commerce desire être

débarrassé de cette foule de prétendus com-
merçans qui , le plus souvent , n'ont ni con-
naissance de l'état qu'il leur plaît d'embrasser, ni moyens pécuniaires , ni souvent même
de domicile (1). Les hommes établis possé-
dant bien les arts mécaniques , voyent avec
peine leur état perdu par la foule d'ouvriers
qui s'expédient à eux-mêmes leur brevet de
maîtres ; et loin que cet ordre de choses soit
avantageux aux consommateurs , il ne serait
pas difficile de faire voir combien ils en souf-
frent.

Je m'empresse de dire que le rétablissement des maîtrises, qui ne produirait qu'une
ressource instantanée , n'empêcherait pas
l'impôt annuel connu sous le nom de patentes (2); seulement il s'opposerait au double-

-----

(1) L'ordre public autant que l'intérêt pécuniaire
de l'état militent pour débarasser les campagnes de
ces légions de colporteurs constamment occupés d'y
semer des alarmes et d'y pervertir l'opinion.

(2) J'ai bien des fois exprimé le desir que doit
avoir le gouvernement de conserver les patentes à
des hommes de commerce ou de métier qui me par-
laient du rétablissement des corporations. Ils m'ont
tous dit que c'était sans préjudice des patentes qu'ils
étaient prêts à payer leurs maîtrises.

ment de cet impôt chez tous ceux qui auraient à payer une maîtrise. D'un autre côté, comme l'Etat n'est pas en possibilité d'abandonner aucune de ses ressources, les patentes des hommes qui n'achèteraient pas de maîtrises seraient déversés sur ceux qui en auraient été pourvus.

En donnant aux corporations des métiers et des marchands, quatre ans pour payer les abonnemens auxquels on les admettrait, et calculant le prix de ces abonnemens sur la moitié des bénéfices d'une année modèrement estimés, on pourrait compter jusqu'à notre entier acquittement envers les alliés, sur une recette annuelle de *soixante millions*.

Pendant le même laps de temps, on pourrait doubler le droit de mutation sur les immeubles en ligne directe, mais accorder six mois de plus pour solder le doublement ; on pourrait ajouter encore un pour cent au droit de mutation sur les immeubles en ligne collatérale, en n'exigeant dans les six premiers mois que la moitié du droit total, et le surplus au bout de l'année, il n'y a sans doute pas d'impôt contre lequel on ne puisse faire des objections ; mais dans la pénurie qui nous accable, celui qu'on ne demande que lorsqu'une notable augmentation d'aisance nous est arrivée , ne doit pas être négligé.

L'excédent de droit que nous indiquons devrait produire de *dix à douze millions.*

Si l'on adoptait les trois moyens que nous proposons, l'on aurait cent-cinquante millions au-delà des produits des impôts directs et indirects , tels qu'il sont portés dans le budjet proposé, et pour peu que l'on obtînt d'économie sur les dépenses , une création de cinq à six millions de nouvelles rentes sur l'état pourra suffire aux besoins de 1817.

Alors si la caisse d'amortissement était dotée des vingt millions d'excédant proposés par le ministre, la négociation de ces rentes pourrait avoir lieu à un taux avantageux, à soixante-quinze peut-être. La baisse de l'intérêt en serait le résultat ; les biens-fonds reprendraient faveur et augmenteraient ainsi les produits de l'enregistrement.

En appelant sur cet écrit l'attention des Chambres, je supplie qu'on n'imagine pas que je leur propose de se livrer à la confec- fection d'un nouveau budjet. Mais chacune d'elles peut inviter le ministre à prendre telle ou telle idée en considération , et , dans

le cas où il ne l'adopterait pas , à faire con-
naître aux Chambres les motifs qui la lui
feraient rejeter.

FIN.